AF124956

Books on Demand

Eine lockere Zusammenstellung von Kurzgeschichten, Versen und Liedertexten.
Gedanken über das Leben und die Liebe,
poetisch verformte Erfahrungen; und nicht zuletzt Skurriles in Verse gefasst.
Glaubhafte und fantastische Randerscheinungen des realen Lebens und irrer Träume.
Die Einordnung möge der Leser selbst vornehmen.

Zur Person

Ich geh nicht mit der Mode und ich werd beim Lügen rot,
ich sage was ich denk' und was ich seh'.
Ich trinke manchmal Rotwein und esse trocken Brot
und weiß dass ich in des Lebens Mitte steh.
Ich sing' Lieder aus der eignen Küche, hab sie selbst gemacht.
Nehm' als Ingredenzien Flüche, Seufzer aus lauer Nacht,
eine kleine Prise Reue, salz'ge Tränen fehlen nicht,
und ein wenig Mut für's Neue
und Wachs von meinem Lebenslicht.

Christian Koch, Jahrgang 1951, begann Anfang der 70er Jahre Songs und Texte zu schreiben. Später kamen Kurzgeschichten hinzu.

Christian Koch

Der Mond im Schlafrock

Geschichten, Verse und Lieder für Erwachsene

Reihe »Mondgeflüster«

Bibliografische Information der Deutschen
Nationalbibliothek:
Die Deutsche Nationalbibliothek verzeichnet diese
Publikation in der Deutschen Nationalbibliografie;
detaillierte bibliografische Daten sind
im Internet über www.dnb.de abrufbar.

ISBN 978-3-7322-4050-0

Satz und Gestaltung: Christian Koch

Umschlaggestaltung: Karl Groß

Herstellung und Verlag:
BoD – Books on Demand, Norderstedt
2. Überarbeitete Auflage 2018
Copyright © 2013 Christian Koch
www.mond-im-schlafrock.de

Für B., die mir den entscheidenden Impuls gegeben hat.

Inhalt

Eines Nachts	9
Einsamkeit	10
Busenlied	12
1000 wilde Jahre	13
Später	14
Somnambulica	16
Was ich such' in meiner Seele	20
Ringel Ringel Regenwurm	22
Männer	24
Der Mond im Schlafrock	26
Klabinkes Reich	31
Blinde Kuh	32
Löcher im Hemd	34
Du	36
Marie	38
Randerscheinung	40
Lied vom Sellerie	41
Lied vom Blauen Würger	42
Erwin (1)	43
Der Mond im Blaumann	44
Immer wieder deine Hände	57
Erwin (2)	58
Ronny Lemme	59
Lifezeit	61
Mary Blue	63
Erwin (3)	64
Heinz Kleins	65
Mattmanns Blues	67
Angst	68
Der Mond in Uniform	69
Zur Person	76

Eines Nachts

Eines Nachts, ich lag in tiefem Schlaf,
als mich zärtlich berührt
deine Hand und hat mich verführt.

Du kamst durch die verschlossene Tür,
ich weiß nicht wie's dir gelang,
auf einmal warst du neben mir, so nackt und blank.

Und über uns auf dem Dach machten auch die
Katzen Krach.
Sie mauzten und schnurrten dazu,
ein bisschen auch du.

Ach, war das ein sanftes Auf und Ab,
und wie schön roch deine Haut,
und dann verfielen wir in leichten Trab,
weil schon der Morgen graut'.

Und wir trabten bis zum ersten Sonnenstrahl,
bis uns're Kraft fast versiegt,
deine Augen sagten: Noch einmal,
und du warst so vergnügt.

Erschöpft hielten wir uns an der Hand,
der Tag war sonnig, mild und schön.
Wir lagen wandelnd an Traumes Rand,
ich sah dich nicht geh'n.

Einsamkeit (Tango)

Ich hab die Einsamkeit gepachtet,
hab sie überall bestellt,
hab sie verschmäht und auch geachtet,
hab mir selbst schon viel erzählt.
Ich hab alles, was ich weiß,
dir in dein Portemonnaie gesteckt,
damit du's liest - doch nichts ist mir geglückt.

Ich hab dich überall vermutet,
ich hab dich überall gesucht,
ich hab dich immer nur an mein Herz gedrückt,
du warst nie da,
doch es ist mir trotzdem geglückt,
ich hab dich immer nur in einem Traum geseh'n,
ich weiß nicht wer du bist,
trotzdem war es schön.

Ich hab die Einsamkeit gekostet
und weiß jetzt wie sie schmeckt:
Zuckersüß und bitter-herb,
doch am besten schmeckt sie flambiert.
Flambiert wie meine Sprüche
in deinem Portemonnaie,
flambiert wie dein Geruch,
wenn ich neben dir steh.

Ich hab dich überall vermutet, ...

Ich hab die Einsamkeit gesehen
in weiß, in schwarz und auch in rot.
Ich hab sie kunterbunt vermutet
oder verschwommen, wie Milchkaffee.
Oder bunt wie meine Träume,
wenn ich dich darin seh'.
Aber aus der Traum
- du bist nicht da.

Ich hab dich überall vermutet, ...

Busenlied

Schön ist's zarte Haut zu spür'n
und darüber die Sinne verlier'n,
weiche Wärme in gewölbter Hand
bringt den Herzschlag bis an den Rand
der Beherrschung und um so mehr
verschwimmt all das Treiben um mich her,
die Faszination nackter Haut,
und ich frag mich, warum stöhn ich so laut?

Kleine Busen und große Busen
wippen froh über's Land,
und fass' ich ganz kess unter lose Blusen,
dann spür' ich sie sanft in der Hand.

1000 wilde Jahre

1000 wilde Jahre ohne Ende.
Du, ich hab' noch immer nicht genug.
1000 Jahre sind wir nun zusammen,
haben gelacht, haben geweint und uns geliebt.
Dein Haar, das riecht wie Zimt und Mandeln.
Ich spür's im Mund, wenn du auf mir liegst.
Das Gefühl das du mir gibst ist ohne Ende,
1000 Jahre sind noch nicht genug.

1000 Träume haben wir verwirklicht
und auch 1000 Träume haben wir verlor'n.
1000 Jahre und kein bischen weise,
allzuviel haben wir mit Tränen fortgespült.
Salz auf unser'n Lippen nach den Küssen,
da haben wir die Angst gespürt.

Manchmal hast du mich auch vergewaltigt,
die Augen katzengleich doch zärtlich deine Hand.
1000 Flüsse strömten unvergleichlich,
der Steuermann hat das schon gekannt.

Die Segel hoch, mein Schatz, du als Fregatte,
ich hol' dich kiel, wir tauchen ganz tief ab.
Die Finsternis ist grün wie deine Augen,
in der Wüste wartet noch ein Schatz.

Später

Später, wenn die Eule ruft,
und der Erpel seine Frau putzt,
tief im Schilf, ganz geschützt,
und der Kauz Gewölle auskutzt.
Später, wenn die Unke röhrt,
dass es gar den Lindwurm stört
und die Kröte wieder mal
ihre Warzen glattrasiert,
dann, mein Schatz, halt dich fest,
komme ich ganz ungeniert,
in dein Bett, ganz mittendrin,
und leg' an deine Brust mein Kinn.

Und dann träum' ich bunte Träume,
ganz verworren komisch Zeug.
Zwischen uns sind hohe Zäune,
darauf sitzen viele Leut'.
Schauen blöd zu uns herunter,
was wir beide da wohl tun?
Dabei will ich doch nur schlafen,
sanft auf deiner Schulter ruh'n.

Mann, wie war der Tag doch Scheiße,
immer ewig diese Hatz,
allem hinterher zu laufen,
nur im Herzen bleibt kein Platz.

Bleibt kein Platz für Zärtlichkeiten,
keine Zeit mal abzutour'n,
nur im Hinterkopf die Schmerzen
und im Darme das Rumor'n.

Alle woll'n doch nur das Beste,
Waschbrettbauch und Gelfrisur,
dickes Auto, Seidenweste,
Sonnenbraun und Glitzeruhr.
Immer höher die Etagen,
immer weiter - gib nie auf!
Arschtritte von allen Seiten,
Mobbing - dann die rote Couch.

Ist das nun das edle Streben,
was uns immer weiter zwingt?
Oder ist es nur das Sägen,
was uns in die Kiste bringt?

Ach, mein Schatz, wie riechst du süßlich,
noch im Traum umfängst du mich,
und die Unke unkt genüßlich
und der Lindwurm windet sich
feste um die Preisspirale,
doch er kommt nie oben an.
Nur dein Arm der zuckt ganz zärtlich,
zieht mich fester an dich ran.

Somnambulica

Es ist spät, als ich nach Hause komme; kurz nach drei Uhr.
Im Haus brennt Licht. Gelbes, warmes Licht. Nicht solch Sparbirnenscheißlicht.
Warum?
Und wo kommt es her?
Ich hatte doch alle Lichter ausgemacht.
Das Küchenfenster ist angekippt und ich höre Gegröle und lautes Lachen, verhaltenes Kichern, Gläserklirren, Schlürfen und viele Stimmen durcheinander sich etwas erzählen, zurufen, fordern und mahnen.

Ich schließe auf, trete ein, und eine illustre Gesellschaft empfängt mich.

Vor dem Kamin sitzt Ernest Hemingway und trinkt den vermutlich dreizehnten Daiquiri, neben sich die doppelläufige Schrotflinte schussbereit, und prostet James Joyce zu. Der schaut ohne seine Brille wie eine Eule in die Gegend und ruft: »Wo ist der Aschebescher? Ah, da ist er ja« und ascht in seine abgelegten Brillengläser.
Hinter dem Haus toben die sieben Hunde von Hemingway herum und seine 28 Katzen liegen überall auf den Tischen und auf dem Küchentresen.
Ebenfalls auf dem Küchentresen sitzt Alfred Biolek; er ist sauer.
Erstens hat Gertrude Stein die Küche okkupiert und backt Apfelstrudel, und zweitens hat Henry Miller die

Kiste Küchenwein mit in das Bad genommen. Keine Arbeit, geschweige denn Wein für Alfred in der Küche.

Im Bad sitzt Henry Miller auf der Kiste Wein und spannt und schreibt, derweile sich in der Badewanne Claire Goll und Rainer-Maria Rilke köstlich amüsieren.

Im Flur hat Jack Keruac sein Ränzlein abgestellt, der auch eben erst angekommen ist, und sagt: »Ich war ziemlich lange unterwegs, wie läuft die Party?«
Er stürzt in Richtung Sofa, auf dem Jorge Amado mit drei kaffeebraunen Schönheiten sitzt und Caipirinha der klassischen Art süffelt, mit echtem Cachaca halt. Aus den Musikboxen kommt die rauchige Stimme von Gilbert Becaud: »Il est mort a poete« und zur Küche steht man nach Apfelstrudel von Gertrude an.

Alfred's Nase ist jetzt doch noch rot geworden, denn durch die Terassentür hat Antoine Saint-Exupery waghalsig zwei Kisten Rotwein eingeflogen.

Es klingelt.
Alle, außer James Joyce, stürzen zur Tür, die Erskin Caldwell aufreißt. Wo hatte der sich denn versteckt?
Paulo Coelho steht da, bedeppert.
»Ach, na toll, hatte sie doch wieder mal recht!«
»Wer?« fragt mit strenger Stimme Gertrude Stein.
»Maria Florenzo.«
»Wer? Maria Florenzo? Die ist ja wohl nicht durch meine Schule gegangen. Was sagt die?«

»Die sagt, dass die Stein eine eingebildete Truse war und sie selbst es besser findet, sich selbst zu finden und das zu schreiben, was sie wirklich glücklich macht.«

»Ich muss jetzt mal auf's Klo«, sagt daraufhin die Stein. Hemingway, mit seinem vermutlich vierzehnten Caipirinha in der Hand: »Und was sagt sie noch?«

»Sie schickte mir geheime Koordinaten auf mein Smartphone und meinte: Schönen Abend noch.Und jetzt bin ich hier.«

»Komm rein«, sagt Claire Goll und lässt das Handtuch, welches ihre Hüfte umhüllt, fallen.

»Schlampe«, schreit eifersüchtig Rilke und zieht seine Jogginghose von Adidas hoch.

»Du und deine Eifersucht, bleibt mir gestohlen!«

Sie umarmt Coelho und schubst ihn in Richtung Küchentresen, auf dem Alfred immer noch sitzt und gerade die fünfte Flasche Küchenwein entkorkt.

Coelho, peinlich berührt, zieht sein Hemd aus und streift es Claire über.

Hinten, in der Tiefe des Raumes schreit der fast blinde Joyce: »Wann geht denn die Party endlich los? Noch niemad da?«

Die Goll ist sofort bei ihm und auf seinem Schoß und knabbert an seinem Ohr. Coelho zückt sein Smartphone und macht einen Schnappschuß für Maria Florenzo.

»MMS gesendet« steht dann da.

Niemand nimmt von mir Kenntnis und ich steige auf das Dach und dann auf den Schornstein, um die

Stimmung in die schwindende Nacht zu schreien. Von hinten fährt mir der kalte Wind durch die Zottelmähne und von unten der heiße Odem des Kamins in die Eier..

Im Kaff bleibt es totenstill, nur unter mir aus dem Haus tönt das Gebrabbel der lustigen Gesellen. Ich starre fassungslos in die weite schwarze Nacht und seile mich wieder ab.

Was ich such' in meiner Seele

Abends hab ich manchmal lange Weile
und dann räume ich in meiner Seele auf.
Finde viele unerfüllte Träume,
plattgedrückt von der Zeiten Lauf.

Sitz' bei einer Flasche rotem Weine
und mein Blut zieht träger seine Bahn.
Denke manchmal nur noch an das Eine,
fürchte fast, ich werde ein Galan.

Manchmal klopf' ich viel zu große Sprüche
und tu nicht das Geringste was ich wollt'.
Manchmal fluch ich viel zu laute Flüche,
hab' damit schon manchen Freund vergrault.

Allzu oft steck' ich in einer Haut drin,
die mir im Moment gar nicht passt,
und dann räum' ich auf in meiner Seele,
leichter trägt sich dann die Last.

Abends lauf ich manchmal durch die Straßen
und such' was mir vielleicht schon lange fehlt.
Suche, und ich kann es nicht mehr lassen,
hab noch niemandem davon erzählt.

Alles was mir fehlt an meiner Reife
such' ich hier und dort mit warmem Blick.
Kann ich auch so manches nicht begreifen,
glaube ich doch an mein Lebensglück.

Ringel Ringel Regenwurm

Das Leben ist schön wie ein Regenwurm
und ringelt sich um deine Seele.
Der Hinterkopf ist ein Störenfried
und gibt dir dumme Befehle.
Er mischt sich in dein Leben ein
mit komischen Gedanken,
und läßt dich manchmal nicht fröhlich sein,
mit seinen Gedanken - den kranken.

Dann hau ihm auf's Maul oder bohr ihn an,
mach ihn löchrig wie einen Käse,
und liebe den fröhlichen Regenwurm
und schneuze dir auch mal die Neese.
Heul alles raus und dann kommt ein Lachen,
wie aus Potsdam, und du kannst wieder Sachen
machen.

Sachen so bunt wie der Regenbogen,
wenn der Himmel weint,
und der Regenwurm meint,
er hätte dich niemals angelogen.

Na schöne Scheiße, dieser gliedrige Typ
hat etliche Kerben und ist trotzdem ganz lieb.
Drum liebe den Wurm und sein Ringelreih'n,
und irgendwann holt dich sein letztes Glied ein.
Dann hat dich das Leben gänzlich gefangen,
mit all seiner Schönheit, und deinem Verlangen.
Und ein Pfiff von dir, und der Regenwurm tanzt
Rock'n Roll oder Polka oder Spanisch Olé.

Und der Hinterkopf tut dir dann auch nicht mehr
weh.

Männer

Weiß der Geier, welche Männer
taub sind oder wahre Kenner,
welche wissen, wie die Frau'n,
morgens früh um vier ausschau'n,
welcher Po die Güte hat,
ob im Tanger oder nackt,
sie mit Grübchen anzuschau'n.

Viele denken, ach die Weiber,
haben doch nur and're Leiber.
Haben nie ergründen können,
welche Feuer drinnen brennen.
Löschen oder nähr'n sie nicht,
trampeln dröge auf der Glut,
balzen wie verklemmte Affen,
zum Erforschen fehlt der Mut.

Manche haben echten Stil,
fühl'n und lieben mit Gefühl.
Von dem Scheitel bis zur Sohle,
kenn'n sie erogene Pole,
tauchen ab in tiefste Tiefen,
die die Einsamkeit nur kennt,
holen aus den letzten Winkeln,
was man Zweisamkeiten nennt.

Also ist es nicht egal, nach dem Motto:
Woll'n wir mal?
Sondern Wellenlängenflimmern,
lieben bis zum leichten Wimmern,
und erotischen Spagat,
ganz egal, ob Nacht, ob Tag.

Saufen, rauchen, Möbel rücken,
tut die Männerwelt entzücken,
rasend Katzen überfahren
und die Eitelkeit bewahren.
Imponieren und laut hupen,
heimlich in der Kneipe pupen,
riesengroße Sprüche klopfen,
nachtens nehm'n sie Hustentropfen.
Jede Szene voll im Griff,
aber nie 'ne Träne zeigen,
ewig geht er, dieser Reigen.

Und das Grübchen lacht so schrill,
natürlich nur,
wenn *SIE* es will.

Der Mond im Schlafrock

Der Mond hat Pause. Genau 8 Stunden, 47 Minuten und 6 Sekunden.

Er sitzt auf seinem Stuhl aus Korbgeflecht, den er so sehr liebt und den er bei einer Trödlerin in der Milchstraße gekauft hat. Er trägt seinen lilafarbenen Satin-Schlafrock mit den vielen kleinen goldenen Sternchen darauf - heute ist ihm mal so - und er hat die Beine übergeschlagen. In der Hand hält er einen Caipirinha, den er ehrfurchtsvoll anblickt. Nicht wegen der vielen Limettenstückchen, die er in doppelter Menge wegen des Vitamin-C-Gehaltes hinein getan hat, sondern wegen dem dreifachen Schuss Pitu, den er sich heute genehmigt. Aber er will nach seiner Mondpause nicht unbedingt eiern.

Obwohl ihm das manchmal schon passiert ist. Doch unten hat das kaum jemand bemerkt. Also saugt er einen kräftigen Schluck durch den Strohhalm - einen echten Strohhalm übrigens - das kann er sich leisten, und verfolgt das angenehme Gefühl in seinem Gaumen; das sanfte Streicheln am Zäpfchen, ein leichtes Kratzen in der Speiseröhre und dann wie sich der Caipirinha um das erste Magengeschwür legt und es sanft einlullt.

Im Stillen wünscht er sich, Dieter hätte den Caipirinha gemixt, dann wirkte er irgendwie noch besser.

Aber Dieter ist nicht da. Er muss heute Sterne putzen und deshalb war der Mond zu Hause geblieben und nicht in die Sternestaub-Bar gegangen.

Das Magengeschwür scheint sich wohl zu fühlen, denn seine Nervosität lässt langsam nach. Das zweite Magengeschwür macht da schon länger auf sich aufmerksam, aber es lebt ja auch kurz vor dem Pförtner und wurde von diesem öfter mal mit zurückschießendem Gallensaft versorgt; morgens, wenn der Mond nach durchzechten Mondpausen mit einer kleinen Sterneputzerin leicht verkatert war. Dann sehen ihn die Menschen unten nur mit undeutlichen Umrissen und einem verschwommenen Schein umgeben. Der kommt vom Eiern.

Also nimmt der Mond noch einen kräftigen Zieher durch den Strohhalm, streckt die Beine weit von sich und biegt den Rücken durch. Im Nu hat der Caipirinha das Magengeschwür betäubt und der Pförtner wird auch langsam trunken. Sanft gurgelt es in seinen Gedärmen.
»Oh Gott«, sagt er zu sich selbst, »wie gut das tut. Nimm noch einen Schluck, Eiermond, die Pause ist viel zu kurz!« Schon saugt er wieder am Halm. Der Halm zieht mit einem schmatzenden Geräusch Luft - der Caipirinha ist alle.
»Oh Scheiße«, denkt er, »gerade jetzt, wo ich die Störenfriede in meinen Kaldaunen im Zaume habe.« Er steht auf und schlurft zu seiner Mondbar.

Diese ist sein einziges Möbelstück. Was braucht er mehr? Kein Bett, denn seine Pausen sind viel zu kurz.

Außerdem muss ein Mond nie schlafen. Auch nicht essen. Besuch bekommt er auch nie, also benötigt er auch keine weiteren Sitzmöbel. Und wenn er etwas erleben will, dann geht er in diese verruchte Sternestaub-Bar ganz hinten in der Milchstraße. Und das geht eigentlich nur, wenn er für die Menschen auf der Erde Neumond ist, da kann er schummeln. Da ist er dann nämlich nicht wirklich da, er schwänzt sozusagen, und treibt sich mit seiner Sterneputzerin in ihrem Himmelbett herum.

Tja, und dann kommt er wieder so allmählich und sehr undeutlich zum Vorschein. Hei, beim Gedanken an die kleine Sterneputzerin wird ihm leicht kribbelig.

»Wirst du wohl mal?« brabbelt er vor sich hin, aber er genießt das Gefühl und schubbert sich leicht an seiner Mondbar, während er Eis für einen neuen Caipirinha zerstößt.

Seine Mondbar ist schwarz wie die Nacht und ebenso wie sein Schlafrock mit unzähligen kleinen goldenen Sternchen besetzt. Dadurch schimmert sie silhouettenhaft in seinem Mondraum. Akribisch schneidet er eine Limette in genau vier gleiche Teile. Es klappt immer, da er es ja schon tausende von Jahren lang macht. Nur der Schuss Pitu variiert je nach Laune und Verlangen.

Und heute ist beides groß, also fällt der Schuss Pitu wieder dementsprechend aus.

Er leckt einige Körnchen Rohrzucker von seinem Zeigefinger und trinkt, immer noch gegen die Bar gelehnt, damit sich das Gefühl nicht verliert, erst einmal einen kräftigen Schluck.

Huuiii, wird das warm in seinem Verdauungstrakt. Die Magengeschwüre schlafen nun seelig, nur der Pförtner trinkt noch feste mit. »Soll er«, sagt sich der Mond. Er kennt ja schließlich nichts anderes als Caipirinha. Er schaut auf sein Glas. Es ist nur noch einviertel voll. »Hau wech«, ruft er und kippt den Rest hinter.

Dabei verschluckt er sich an einigen Krümeln unaufgelöstem Rohrzucker und hustet.

»Verdammt, das hast du davon! Anstatt den Drink mit dem Strohhalm zu genießen, mußt du ja wieder schütten!«

Das leere Glas schimmert im Sternengeglitzer seiner Bar und er sieht es liebevoll an. »Komm mit, mein Kleines«, sagt er laut zum Glas, »wir schauen jetzt aus dem Fenster.«

Der Mond schiebt mit dem linken Fuß den Schaukelstuhl etwas beiseite, lehnt sich gegen das Fensterbrett und schaut hinunter auf die Erde. Sein scharfes Auge fixiert ein kleines Provinzkaff.

Sein Blick schweift durch die nächtlichen Straßen der Stadt. »Nicht viel los«, denkt er. Da sieht er einen Radfahrer um die Ecke biegen. Ein etwas fülliger Mann mit strammen Beinen tritt kraftvoll in die Pedalen eines alten Damenfahrrads. Der Mond kennt ihn, es ist Raul, der bei der legendären Band *Leergut* die Congas schlägt. Raul sieht abgekämpft aus, es war eine harte Probe. Stundenlang musste er trommeln mit seinen bloßen flachen Händen, die jetzt wohltuend den Fahrradlenker umkrallen und sich nach so etwas griffigem wie einem Bier- oder Colakasten sehnen. Seitdem der Supermarkt auf diese nervigen Leergutautomaten umgestellt hat ist Raul arbeitslos und hat sich auf'sTrommeln verlegt. Beim Gedanken an seine geliebten Leergutkästen tritt Raul gleich etwas mehr in die Pedale und legt sich wie ein Motorradfahrer elegant in die Kurve. Und so verschwindet er aus dem Blickfeld des Mondes wie ein schnaufendes Ungetüm, welches nie seiner Seeligkeit entflieht und somit vor den Härten des Lebens verschont bleibt. Beneidenswert!

Der Mond läßt sich wieder in seinen Schaukelstuhl fallen, bevor er sich einen neuen Caipi mixt.

»Wie ist das Leben doch schön«, denkt er; »dort unten und hier oben bei mir.« Dann nickt er ein.

Ein unscharfer Schimmer umgibt die schmale Mondsichel als Raul von seinem Fahrrad steigt und einen Blick in den Himmel wirft. »Irgendwie eiert's dort oben«, denkt er .....

Klabinkes Reich

Dicht am Graben, der da poltert,
wohnt Klabinke, der nie oltert.
Augen hat er flink und munter,
guckt er rauf und guckt er runter,
was sich da am Graben tut,
wo was schlecht ist oder gut.
Geister sind dazu gemacht,
ihr gesamtes Reich zu hüten,
ob es Tag ist oder Nacht,
und die Sorgen einzutüten.
Hier auf diesen Fürstentümern,
ist ein jeder selbst ein Graf,
weiß, wie Butterblumen schmecken,
oder auch ein Knoblauchschaf.
Macht wer Unsinn, kommt Klabinke
immer nachts in seinen Traum,
und verliest ihm die Leviten,
dass die Steine Funken hau'n.
»Spar den Wein nicht auf für morgen,
sind wir da, so schenke ein«,
ist der Leitspruch hier im Reiche.
Auch Geister dürfen durstig sein.

Blinde Kuh

Manchmal, wenn es dunkel wird,
spiel'n wir blinde Kuh,
ich knips alle Lichter aus,
du zieh'st die Vorhänge zu.
Ich weiß, du versteckst dich gerne
hinterm Kanapee -
manchmal erwisch ich 'n Zipfel
von deinem Nigligé.

Manchmal, wenn es dunkel wird,
spiel'n wir Böse Sieben,
wer die schlechtere Karte zieht,
muss den anderen lieben.
Dann mach' ich meine Augen zu,
dass ich dich nicht seh',
manchmal da streichel ich ganz sacht
deinen großen Zeh.

Du hast mich immer wieder mal mit Überraschungen
irritiert,
ich bin perplex und meine Seele schlägt Kabolz.
Du hast dich niemals wie eine Diva aufgeführt,
denn du hast es so gewollt.

Manchmal, wenn es dunkel wird,
bleiben wir einfach zu Haus'.
Wir liegen auf dem Kanapé
und alle Lichter sind aus.
Dann halten wir den Atem an
und fühlen nur noch uns.
Manchmal da ist uns als sei die ganze Welt
auf unserm Kanapé.

Löcher im Hemd

Sie sitzen auf der Terrasse, trinken Rotwein und erzählen und schauen auf die Wiese vor dem Wald, ob sich die Reiher mit ihrem Jungen sehen lassen. In der Tischdecke, die von der Sonne schon ganz ausgeblichen ist - nur der herunterhängende Teil an der Schattenseite läßt noch das ursprüngliche Orange erkennen - sind schon einige Löcher.
Mitten in die Unterhaltung hinein sagt der Eine: »Hier sind ja Löcher in der Decke«.

»Ja, und?« ,sagt der Andere, »ist das schlimm?«

»Nee, das sind Gebrauchsspuren«, sagt der Dritte. »In einem Katalog hab ich mal gesehen, da haben sie Wüstenlampen von Beduinen mit Gebrauchsspuren angeboten.«

»Zum Segeln nehme ich immer mein altes Ringelshirt mit, welches auch schon einige Löcher hat«, sagt der Andere. »Einmal haben mich welche glattweg für einen einheimischen Skipper gehalten und gefragt, ob ich deutsch spreche. Das passte irgendwie; braungebrannt, stoppelbärtig und mit ausgefransten Jeans und nem löchrigen Shirt.«

»Ich hab nen alten Pullover, von dem ich mich ungern trennen möchte«, sagt der Dritte, »da hab ich ein Loch in der Schulter selbst gestopft. Fragt mich doch letztens jemand, ob das jetzt modern sei.«

»Und, was haste gesagt?« fragt der Eine.

»Das ist jetzt voll in«, grinst der Dritte und sagt zu dem Einen: »Übrigens hat Dein Hemd im Ärmel ein Loch. Musste mal stopfen!«

»Nee, das bleibt so,« sagt der Eine, »ist doch mein Holzhackhemd.«

»Das ist wie mit Gesichtern«, sagt der Andere. »Mir ist eines mit Kerben und Lachfalten lieber, darin kann man noch lesen und 'nen Menschen erkennen.«

Du

Du - ich hab' Dich lang nicht geküsst,
Du - weißt Du überhaupt noch, wie das ist?
Du - hast mich so lang' irritiert,
und ich, ich hab' Dich nicht mal verführt.
Dazu fehlte mir der Mut.

Hab' Sand in meinem Herzen und Bienen im Bauch,
im Hinterkopf sind Schmerzen
und die Küche riecht nach Lauch.
Die Suppe ist versalzen und Du, Du bist so schön.
Warum willst Du jetzt schon geh'n?

Du - ich hab' Dich lang nicht geküsst,
und Du - hast Du mich wenigstens vermisst?
Manchmal suchen wir im Sternenmeer,
der Wahnsinn geht immer neben uns her
und Du tust Dich so schwer.

Hab' Sand in meinem Herzen und Bienen im Bauch,
immer noch diese Schmerzen
und Zigarettenrauch
kräuselt von der Kippe, die Du ganz lässig hältst.
Warum willst Du jetzt schon gehen?

Du - ich hab' Dich lang nicht geküsst,
Du - ich weiß überhaupt nicht mehr, wie das ist,
doch ich hab den Geschmack von damals im Mund,
so bittersüß — so herb und rund.

Hab' Sand in meinem Herzen und Bienen im Bauch,
der Mond scheint wie ein Affe,
vielleicht bin ich das auch?
Du stehst da hinten, ich kann Dich kaum noch sehn.
Warum willst Du jetzt schon gehen?

Marie

Du hast Mut, du hast Courage,
irgend etwas, was mir imponiert.
Du sagst: »Hallo«,
auch: «Leck' mich am Arsche!«
Du hast Figur und 'n süßen Po.

All' das ist 'ne ziemlich heiße Nummer,
ich hab' Angst, dass ich mich verbrenn'.
Mädchen, mach mir nicht so großen Kummer,
hast mich voll im Griff - Marie.

Du hast 'nen Mund, nicht nur zum Küssen,
manches hätt' ich lieber nicht gehört.
Du kannst mich nerven und willst alles wissen,
über die Wahrheit bist du dann empört.

All' die Frauen sind dein ganzer Kummer,
ich hab Angst, dass du mich verlässt.
Doch dann schieben wir 'ne heiße Nummer,
hast mich voll im Griff - Marie.

Du ziehst mich aus bis auf die Seele,
hast mein Innerstes schon annektiert.
Du weißt genau, dass ich dir gehöre,
streiten hab' ich mich noch nie getraut.

All' das ist für uns wie Blumenerde,
wir wachsen und gedeih'n, - wir werden eins.
Wir traben dahin wie weiße Pferde,
hab' dich voll im Griff - Cherie,
hast mich voll im Griff - Marie,
hab' dich voll im Griff - Marie.

Randerscheinung

Sie sitzen am Bach zu düsterer Stund'
und wollen sich küssen, aus lüsternem Grund.

Sie ist vierzehn Lenze und er fumzehn Jahr,
hat schweißfeuchte Hände, sie knallrotes Haar.

Er packt ihre Schultern und spitzt seinen Mund,
da lacht sie schrill auf und er sieht ihren Schlund.
Den riffligen Gaumen, die Zunge, belegt,
ganz hinten das Zäpfchen, das feuchtschleimig bebt.

Ihr Lachen erstarrt, so plötzlich, wie's kam.
Dann sinkt sie nach vorn, in seinen zittrigen Arm,
presst die Zähne zusammen und schüttelt ihr Haupt
und der schweißnasse Jüngling ist des Mutes beraubt.

Doch dann fährt sie hoch und ihm in's Gesicht,
und küsst und beißt ihn ganz fürchterlich.

Und ganz in der Ferne, da hört man das Johlen
der Gesellschaft, von der sie sich fortgestohlen.
Mit Anverwandten aus ganz letzter Reihe
in feuchtfröhlicher Feier zur Jugendweihe.

Lied vom Sellerie

Im Konsum gibt es Butter,
im Konsum gibt's auch Brot,
im Konsum gibt es Fisch,
der ist schon lange tot.
Im Konsum gibt es Sellerie,
den kauf' ich mir manchmal,
ich ess' ihn auf der Stelle,
die Wirkung ist fatal.

Meine Freundin heißt Marie,
die wartet schon auf MIR,
und von dem vielen Sellerie
bin ich wie'n wilder Stier.
Sie sagt, iss mal Bananen,
doch ich bin doch nicht dumm.
Denn sie kann ja nicht ahnen:
Von Bananen wird er krumm.

Lied vom Blauen Würger

Eine Flasche Blauen Würger
trinken wir im handumdrehn,
und für jeden ganz normalen Bürger,
kostet der nur vierzehn-zehn.
Eine Flasche Blauen Würger
trinken wir, der macht nicht fett,
im Gegenteil,
jeder Bürger sieht dann aus wie's Etikett.

Die zweite Flasche Blauen Würger
trinken wir im fußverdrehn,
und jeder ganz normale Bürger,
kann dann nicht mehr richtig stehn.
Die zweite Flasche Blauer Würger,
die wirkt ganz unverzagt,
man sagt dann solche heißen Sachen,
die man sonst wohl niemals sagt.

Die dritte Flasche Blauen Würger
trinken wir kaum noch im stehn,
und jeder ganz normale Bürger,
kann dann nicht mehr richtig sehn.
Die nächsten Flaschen Blauen Würger
trinken wir und denken uns nichts bei,
denn für jeden ganz normalen Bürger
gibt's den Blindenhund dann frei.

Erwin (1)

Erwin's Strümpfe sind so dick
wie das Fell vom Löwen,
wenn er schöne Äpfel hat,
verkauft er sie in Glöwen.
Seine Augen blitzen blank,
niemand sah sie weinen.
Abends sitzt er auf 'ner Bank,
trinkt roten Wein, ganz feinen.

Das Leben ist ein Karussell,
das weiß er schon ganz lange,
doch kann er damit gut umgeh'n,
und wird ihm niemals bange.

Der Weihnachtsmann, der ist sein Freund,
sie liebten beide Heide,
doch keiner hat sie jeh gekriegt,
sie stand auf Gold und Seide.

Nun stopft der Eine seinen Strumpf,
der Weihnachtsmann macht Pause.
Und beide wissen insgeheim:
Statt Sekt trinkt sie jetzt Brause.

Der Mond im Blaumann

Der Mond zieht gleichmäßig seine Bahn. Er döst in seiner Hängematte, die er in abnehmender Position aufgehängt hat. Die obere Schlaufe der Hängematte hat eine fest positionierte Verankerung, die untere wechselt er alle zwei Wochen und einige Stunden von rechts nach links, von links nach rechts. Und dann kommt natürlich noch hinzu, wie er in der Hängematte rumfläzt, damit er für die Menschen dick oder als Sichel zu sehen ist.

Er träumt gerade von der Sterneputzerin - er träumt eigentlich meistens von ihr - als in seinem Monoohr der galaktische Rufton erklingt.

»Scheiße, muss das jetzt sein?« Er läßt in Gedanken die kleine Sterneputzerin erst einmal ihr Sterneglimmerkleidchen wieder überziehen, ehe er auf mental-galaktischen Empfang umschaltet.

Es ist der Milchstraßenmann. „Ich habe den Auftrag, dir vom Zentralnebel mitzuteilen, dass er dich kurzfristig abrufen muss. Er benötigt Deine Hilfe.«

»Was will der alte Zausel denn schon wieder? Er soll sich an seine Scheißer dort hinten in den Plejaden halten, die jede Drecksarbeit machen. Das habe ich ihm schon einige male gesagt.«

»Die sind verschollen.«

»Was, die sind verschollen?«

»Ja, hinter dem gekrümmten Roten Riesen in Collinder 261 sind sie bislang noch nicht wieder zum Vorschein gekommen.«

»Wieso schickt der Zentrale die denn in diese

galaktische Weite?«

»Die Globalisierung macht auch vor uns nicht halt. Er hat eine Ausschreibung gewonnen.«

»Na toll! Und wenn mir das gleiche passiert? Wer übernimmt dann meinen Job? Die werden mir dann alle krank da unten auf der Erde. Nix wächst und gedeiht mehr und die Liebe geht auch flöten, wenn kein Mond sie mehr mit Romantik erst wundervoll macht.«

»Hör zu, du weißt doch, dass mit dem Zentralen nicht vernünftig zu reden ist. Also zieh in deiner Mondpause deinen Blaumann über und trete bei ihm an!«

Dann Rauschen und Knarzen - der Milchstraßenmann hat aufgelegt.

Der Mond bekommt sofort Magenschmerzen, wünscht sich nichts sehnlicher als einen Caipirinha, aber nur von Dieter gemixt, und krümmt sich in seiner Hängematte.

Alle jungen Keimlinge auf der nördlichen Halbkugel der Erde ziehen ihre zarten Köpfchen ein und verzögern somit Wuchs und Ernte.

Der Mond nimmt Verbindung mit der galaktischen 999 auf.

»Zentrrralnebel am Aparrrat«, schnarrt eine sterneverstaubte Stimme.

»Errrdenmond hierrrrrrrr«, äfft der Mond nach, um sich ein wenig aufzubauen.

»Sieh einmal an, mein Jungchen, du bist ja fix. Kannst wohl kaum erwarrrten, welch wunderrrvolle Aufgabe ich fürrr dich habe, was?«

Der Mond krümmt sich noch mehr in seiner Hängematte zusammen. Jungchen! Immer wieder muss der Alte ihm das unter die Nase reiben und dann noch mit einer besonders niederen Arbeit krönen.

Die Keimlinge auf der nördlichen Halbkugel bekommen fast den Rest, so dass auf der Erde eine Hungersnot droht.

»Wie du weißt, oh Zentraler, ist auch meine für dich verfügbare Zeit begrenzt«, flötet der Mond, wohl wissend, dass daran der Zentrale nicht rütteln kann. Auch er unterliegt allen fundamentalen, galaktischen Gesetzen.

»Ich weiß, Jungchen«, die weltweite Hungersnot wird immer wahrscheinlicher »aberrr von deinen 8 Stunden, 47 Minuten und 6 Sekunden darrrfst du abziehen: 3 Sekunden um den Blaumann überrrzustülpen, 27 Sekunden und 398 Millisekunden für An- und Abrrreise und eventuelle 49 Sekunden um zu deinem Arrrbeitsplatz und zurrrück zu mir zu gelangen - da habe ich dirrr fürrr die Rückkehrrr schon eine Sekunde dazu gegeben, falls du etwas errrschöpft sein solltest.«

Die Krümmung des Mondes nimmt zusehends zu, als er mit zittriger Stimme fragt: »Was darrrf ich fürrr dich tun, oh Zentraler?«

»Äff mich nicht nach, du Winzling!«, schimpft der Zentrale. »Schwarrrze Löcher stopfen!«

Die weltweite Hungersnot wird unausweichlich.

Der Mond ist versucht, die Kosmische Kälte anzurufen, um ihr sein Testament zu diktieren. Aber erstens konnte er diese Hexe auf die Unendlichkeit

nicht leiden und dachte zweitens sofort an die Liebenden auf der Erde.

Er reckt sich. Die Keimlinge stecken ihre Köpfchen
wieder in die Höhe. Eine passable Ernte wird wieder
wahrscheinlich.

Nach neun Tagen war es soweit. Der Mond legt seinen
Blaumann bereit, um ihn pünktlich zur Mondpause
überstülpen zu können. Dann schickt er der kleinen
Sterneputzerin und Dieter eine GMS (galaktische
message), dass er in seiner Mondpause beschäftigt sei.
Er hat das linke Bein gerade im Blaumann, als die
GMS der Sterneputzerin eintrifft:
»Ich vermisse Dich. Wo bist du? Wann kommst du?«
»Der Zentrale hat mich geordert.«
»Ich habe Angst um dich!«
»Ach was, Pillepalle. Auf dem Rückweg bin ich bei
dir!«
» ;-) «.

Das hatte den Mond fast drei Sekunden gekostet und
der Zentrale schnarrt:
»Jungchen, du wirrrst nie errrwachsen, wenn ich so
deine Gedanken lese. Nimm den galaktischen Blasterrr
und stopfe die schwarrrzen Löcher vor dem
gekrrrümmten Rrroten Rrriesen in Collinder 261! Es
sind eigentlich nurrr fünf, aberrr die haben es in sich.«

Der Mond greift sich den Blaster *Supergalaxo 9009*
und macht sich widerwillig auf den Weg. Es dauert
nicht lange und er steht vor dem ersten schwarzen

Loch. Der Zentrale hatte recht - schon dieses hat es in sich. Er spürt den Sog und die Raumzeitkrümmung, die es verursacht. Aber da hatte der schwarze Kumpel nicht mit dem Superblaster gerechnet, der mühelos gegen die Materiewinde ankam und das Loch wenigstens für eine gewisse Zeit mit schwarzer Materie ausflickte. Der Sog lässt nach und die Raumzeitkrümmung nimmt ab.

Der Mond schaltet den Blaster aus und nimmt sich die anderen vier schwarzen Löcher vor.

Er hat seine Arbeit am dritten gerade abgeschlossen, als die Kosmische Kälte neben ihm steht.

»Ach du Scheiße, wie siehst du denn aus?« feixt sie.

»Der Mond in einem Blaumann!«

»Was willst du?« knurrt der Mond. »Ich habe doch dort hinten das Schild *Milchstraßenbauarbeiten* aufgestellt. Und das gilt doch wohl auch für dich, oder?«

»Für mich gilt hier gar nichts! Deine Schilder lassen mich völlig kalt!«

»Ja natürlich, dir ist doch noch niemals warm gewesen, du weißt doch nicht im Geringsten, wie sich so etwas anfühlt!«

»Muss ich das wissen? Mir geht es super damit. Und ich mache mich nicht so zum Löffel wie du.«

»Jaaa, deshalb hast du ja auch keine Freunde und niemand mag dich. Kotz dich ruhig aus über mich. Und letztendlich meine ich: Mir geht es bedeutend besser als dir. Verschwinde!«

Der Mond wirft wütend noch einmal den Blaster an und dreht auf volle Pulle. Das schwarze Loch wurde dadurch so abgedeckt, dass der Zentrale ihn oder einen anderen Bautrupp dort so schnell nicht mehr hinschicken würde.

Die zu schmalen Schlitzen zusammen gezogenen eisigen Augen der Kosmischen Kälte weiten sich plötzlich und sie schreit: »Mach dein Dingens sofort aus!«

»Warum?«, knurrt der Mond, »ich arbeite!«

»Mach aus, ich verspüre etwas! Mach aus!«

Der Mond ist irritiert. Seit wann verspürt die Kosmische Kälte etwas?

»Was ist los?«, fragt er scheinheilig. Diese Hexe hatte sich über ihn lustig gemacht und er ist schließlich hart bei der Arbeit. Er macht nicht aus.

»Mir wird schlecht«, haucht die Kosmische Kälte.

Der Mond schaltet den Blaster aus. Die Kosmische Kälte steht etwas gekrümmt neben ihm und schaut ihn aus runden Augen an.

»Scheiße, Scheiße und noch mal Scheiße! Mir ist warm geworden!«

Der Mond ist irritiert. »Das geht ja nun mal überhaupt nicht«, sagt er..

»Doch! Das muss an deinem Dingens da liegen.«

»Das Dingens ist ein Blaster *Supergalaxo 9009*, aber als kosmisches Gerät genau so kalt wie du. Der kann es also nicht gewesen sein.«

»Dann war's du es!« , sagt die Kosmische Kälte.

Der Mond ist wiederum irritiert. Das Gefühl der Irritation kannte er bisher noch nicht.

»Quatsch, ich bin doch eigentlich auch ziemlich kalt.«

»Ja, aber du hast ein Herz für Liebende, und das macht dich dann warm.«

»Du glaubst doch wohl nicht im Geringsten daran, dass ich dich lieben könnte?«

»Liebende sind ja wohl auch immer zwei, du Trottel! Also ich werde nie jemanden lieben, dazu bin ich viel zu kalt. Aber etwas ganz Kleines hat mich berührt. Es kommt von dir und fasziniert mich. Sag, wie ist es mit den Liebenden?«

»Die Liebenden sind für sich da, und ich bin nur die Untermalung. Manchmal können sie mich wegen wolkenverhangenem Himmel gar nicht sehen, aber sie spüren mich.«

»Und was spüren sie da?«

»Dass ihre Liebe richtig ist und ihnen gut tut. Zumindest in dem Moment. Was sie dann daraus machen, liegt allein an ihnen.«

»Na, das ist ja nervig, da muss man sich auch noch Mühe geben?«

»Du verstehst überhaupt nichts! Kannst du ja auch nicht. Natürlich müssen sie sich Mühe geben. Der Moment geht dahin. Die Beständigkeit macht erst Liebe. Liebe wächst. Und dazu benötigt sie Nahrung: Zuneigung von Dauer, Vertrauen, Verständnis, Erkennen, Wertschätzung, Füreinanderdasein und noch einiges mehr. Interessiert dich doch aber nicht.«

»Ich bin neugierig geworden. Meinst du, ich könnte das auch?«

»Mit Sicherheit nicht!«

»Verstehe. Sei nicht so garstig! Vielleicht bin ich ja lernfähig?«

»Mit Sicherheit nicht!«

»Vielleicht möchte ich es aber nun wissen?«

»Mit Sicherheit nicht!«

»Aber ich kann doch nicht ewig so bleiben!«

»Mit Sicherheit doch!«

»Warum das?«

»Du hält'st das Universum zusammen. Wenn du dich änderst, geht alles in die Dutten!«

»Stimmt, aber ein unbemerkbares Quantum könntest du mich doch an die Wärme heran führen, wo ich sie doch schon gespürt habe.«

Der Mond grübelt ein wenig und sagt dann: »Lass mich erst einmal meine Arbeit fertig machen, dabei lasse ich mir etwas einfallen.«

Die Kosmische Kälte folgt dem Mond und bei jedem der letzten beiden schwarzen Löcher dreht er den Galaktischen Blaster auf volle Pulle. Aus den Augenwinkeln beobachtet er, wie die Kosmische Kälte anfangs ein wenig auf Abstand ging, dann aber vorsichtig immer näher kam. Plötzlich steht sie ganz dicht neben ihm.

»Nun, was ist?«

Der Mond stellt den Blaster aus und legt ihn bedächtig beiseite. Seine Arbeit war getan und der Zentrale konnte mit ihm zufrieden sein. Er freut sich jetzt auf die kleine Sterneputzerin, denn er hat noch ein wenig Zeit.

»Was soll sein?«, fragt er scheinheilig.

»Ich spürte die Wärme in deiner Nähe. Bitte kläre mich ein wenig auf!«

»Hast du etwa 'bitte' gesagt?«

»Ja, ich meine es ernst. Es ist da irgend etwas ganz

Neues. Und ich möchte es wissen!«

Der Mond mustert die Kosmische Kälte von oben bis unten - aber das Frösteln, welches er sonst dabei hatte, war wirklich ganz, ganz wenig geringer.

»Ich weiß nicht, was dich berührt hat. Aber Wärme, welche man weiter gibt, kommt immer ganz tief innen aus einem heraus. Dort muss sie erst einmal vorhanden sein. Bist du fähig, diese Wärme zu geben, wirst du auch Liebe bekommen.«

»Sonst nicht?«

»Nee!«

»Nun verstehe ich, warum mich alle meiden. War mir auch immer egal. Meinst du, auch ich habe Wärme tief in mir drinnen?«

»Na dann muss die aber wirklich tief sitzen, du bist ja schließlich die Kosmische Kälte.«

»Ich weiß, und auf einmal macht es mich traurig. Möchtest Du mir helfen?«

»Wie sollte ich Dir helfen können: Kleiner Mond und unendliche Kosmische Kälte?«

»Ganz einfach: Wir werden Freunde.«

Der Mond macht drei Schritte zurück. »Das ist jetzt aber nicht Dein Ernst!«

»Doch, na klar, voll! Je öfter wir uns begegnen, desto mehr kann ich lernen, nach der Wärme tief innen in mir zu spüren und darüber hinaus berichtest du mir von den Liebenden, für die du leuchtest.«

»Du umgibst mich doch aber immer, Kosmische Kälte.«

»Ja, aber wenn ich direkt neben dir bin, dann spürst du ja meinen Kern. Und irgend etwas muss da doch drin sein.«

»Okay, es ist zwar ein aussichtsloses Unterfangen, aber du hast mich darum gebeten. Komm kurz nach dem nächsten Vollmond, und wir können einmal schauen, ob es dir wirklich wichtig ist. Und jetzt muss ich zum Zentralen, Meldung erstatten.«

Der Zentralnebel fläzt auf seinem schwarzen Kanapé und knurrt: »Na, bist ja frrrüh drrran. Hast du alle schwarrrzen Löcherrr auch korrrekt verrrstopft?«

»Korrrekter als korrrekt, äh, oh Großer Zentraler. Der Blaster hat sein Bestes gegeben und die machen uns erst einmal keinen Kummer mehr.«

»Und was wollte die kalte Hexe von dirrr?«

»Ach, sie hat sich ein wenig über mich lustig gemacht. Du kennst sie doch.«

»Sie kommt mir ein wenig verrrändert vorrr. Was meinst Du?«

»Verändert? Nix gemerkt. Was soll sich bei so tiefer Kälte denn verändern?«

»Genau das möchte ich auch mal wissen. Nun denn, ich danke dir. Schwirrr ab!«

Das ließ sich der Mond nicht zweimal sagen und war im Nu bei seiner kleinen Sterneputzerin, die schon völlig aufgelöst auf ihn wartete. Ganze 23 Minuten hatten beide für sich, ehe der Mond pünktlich wieder erscheinen musste. Es waren ewig schöne 23 Minuten.

Der Mond strahlt, das Wetter auf der nördlichen Halbkugel ist klar und er weiß gar nicht, wo er zuerst hinschauen soll. Überall ist Liebe. Plötzlich umgibt ihn ein gleißender harter heller Kranz. Verliebte, die kurz beim Küssen die Augen öffnen, wundern sich, möchten aber nicht darüber nachdenken. Sie sind zu sehr in ihren Gefühlen gefangen.

Die Kosmische Kälte steht plötzlich dicht neben ihm.
»Bist Du verrückt? Die kriegen da unten einen Schock. Nimm Abstand!«

Die Kosmische Kälte rückt ein wenig von ihm ab und alles ist am Vollmond wieder wie immer.

»Da bin ich! Sag, was siehst du?«
»Ich sehe viel Liebe. Kein Wunder bei der Sicht.«
»Und das machst alles du?«
»Nein, das hatte ich dir doch schon versucht zu erklären. Ich untermale nur und mache somit die Gefühle in dem Moment noch ein wenig schöner.«
»Mhm, wenn ich doch auch nur fühlen könnte. Spür'st du schon etwas an mir?«
»Nee«, sagt der Mond. »Da bin ich auch nicht zuversichtlich!«
»Ich schaffe es. Glaub mir! Zeig bitte, wo ich jetzt hinschauen soll. Da unten auf der Erde.«

»Dorthin!« Der Mond gibt der Kosmischen Kälte die Koordinaten durch. »Sieh'st du die beiden dort im Mondschein auf der Bank hinter dem Haus? Er hat seinen Arm um sie gelegt und ihr Kopf lehnt an seiner Schulter.«

»Ja, sehe ich. Aber in den galaktischen Journalen sieht man ja was ganz anderes über Liebende.«

»Das ist doch alles Schund! Für die breite Masse. Die beiden dort sind gerade dabei, sich zu erkennen.«

»Was? Ich kenne hier doch wohl alles. Da würde ich doch jeden Erdenwurm auch erkennen.«

»Es gibt noch ein anderes Erkennen. Schau genau hin!«

Die Kosmische Kälte kneift die eisigen Augen zusammen und schaut mit scharfem Blick. Das Paar fröstelt plötzlich, bekommt Gänsehaut und schmiegt sich enger aneinander.

»Das reicht,« sagt der Mond. »Mach mir hier nichts kaputt!«

Die Kosmische Kälte blickt den Mond an.

»Ich habe etwas gespürt. Du scheinst recht zu haben. Da ist etwas für mich undefinierbares Warmes gewesen.«

»Nun spüre bei dir!« spricht der Mond.

»Ich gebe mir Mühe, ohne eventuell etwas. Aber irgendwie ….«

»So schnell geht das nicht. Hab Geduld. Ein ganz wenig hast du schon erkannt. Wenn du möchtest, komm beim nächsten Vollmond wieder zu mir.«

»Meinst du, wir werden einmal Freunde?« fragt die Kosmische Kälte.

»Manchmal glaube ich: Nichts ist unmöglich!«, sagt der Mond und konzentriert sich wieder auf seine Arbeit.

Immer wieder deine Hände

Immer wieder deine Hände,
die ich sanft auf mir verspür',
immer wieder deine Blöße,
dein Bewegen ohne Zier.
Manchmal bin ich gänzlich in dir,
lass der Seele freien Lauf.
Salzig schmecken deine Tränen,
die ich wieder gierig sauf'.

Salzig schmecken deine Tränen
wenn ich wieder von dir geh',
was zurück bleibt, ist ein Sehnen
von der Kopfhaut bis zum Zeh.
Immer wieder dieses Kribbeln
wenn uns're Entfernung wächst.
Immer wieder diese Hoffnung,
dass du mich erneut bedeckst.

Dass du mich erneut bedeckst
mit den zärtlich warmen Küssen,
dass du die Begierde weckst
- oh ich möcht' sie niemals missen.
Immer wieder deine Hände,
die ich sanft auf mir verspür',
Wärme ohne Ende
kommt dann tief aus mir.

Erwin (2)

Wenn Erwin's rote Nase juckt,
wenn's Zebra mit dem Schwanze zuckt,
wenn Schnee und Winde toben,
träumt Erwin in seinem Koben.

Er träumt von einem grünen Mann,
der Wunder in Massen machen kann,
der ehrlich ist und niemals lügt
und Erwin ganz viel Arbeit gibt.

Doch Scheiße, solche grünen Männchen
gibt's höchstens im Hexen-Sahnekännchen,
oder in deren Kaffeesatz,
doch niemals im richtigen Leben.

Da gibt es jetzt Nasen aus ganz viel Pappe,
selbstbewußt und mit ganz großer Klappe.

Tja Erwin, so ist das eben!

Ronny Lemme

Ronny is'n Punker und fühlt sich sauwohl.
Sein Vater fährt'n Tanker mit reinem Alkohol.
«Aus dem wird mal nichts werden«,
sagt ärgerlich der Vater,
doch Ronny zickt ihn an:
»Mensch, mach nich so'n Theater.!«

»Ich kauf mir Quark, ja der macht stark,
und kost' nich mal ne halbe Mark«,
sagt Ronny Lemme, schmiert sich ne Bemme
mit schön viel Quark, und fühlt sich stark.

Ronny spielt als Punker in' ner Punkerband,
um'n Hals hängt ihm 'n Anker
und Löcher sind im Hemd.
Er schmeißt mit vollen Büchsen,
Bier und auch Red Bull,
und wenn der Gig vorbei ist,
dann singt er total full:

»Ich sauf nur Quark, denn der macht stark,
und kost' nich mal ne halbe Mark,
von Müller-Meier, auch mal von Motzen,
denn davon kann man so schön kotzen.«

Ronny hat ne Freundin,
sehr hübsch und auch ganz nett,
und wenn sie mal allein sind,
dann zerrt sie ihn in's Bett.
Neulich hat er schlapp gemacht,
hat's nur zweimal geschafft,
die Käte hat ihn ausgelacht
und er hat rumgeblafft:

Ich kauf mir Quark, denn der macht stark.......

Lifezeit

Der Schreiner schreit den Rock raus,
die Groupies zieh'n den Rock aus,
der Schornsteinfeger balanciert,
weil ihm fast das Blut gefriert,
die Schneiderin näht mit der Hand,
den Doktor bringt's um den Verstand,
der Maler tüncht die Wände rot,
der Bäcker backt nur Konsumbrot,
die Krankenschwester bläst Fagott,
der Teufel glaubt an'n lieben Gott,
und alle packt die Geilheit,
denn es ist wieder Lifezeit.

Der Bauer baut sich schnell ein Zelt,
damit sich das Gefühl noch hält.
Der Müller fasst sich an den Sack,
Adele reitet huckepack
auf Erwin's breitem Rücken
und schreit laut vor Entzücken.
Die Würmer tanzen Ringelreihn,
und bohr'n sich in den Zwickel rein.

Die Menge tobt, der Schupo lacht,
weil Nancy von der Bühne kracht.
Das Militär steht nicht mehr stramm,
denn jeder rockt, so wild er kann
und Erwin schreit »Famos, Famos,
das ist das geilste Cha - o - os!«

Der Regenwurm tanzt Samba,
die Feldmaus einen Mamba.
Nur Ronny Lemme sagt: »Oh Graus,
ich wünscht', der Song wär jetzt schon aus.«

Mary Blue

Was ich weiß, das macht mich heiß
und du hast mir noch viel zu offenbaren.

Du lachst dazu und ich weiß:
Das Leben zieht sich selbst nicht an den Haaren.

Du bist lieb und kapriziös,
ich sehe es in deinen grünen Augen.

Das Leben kommt daher sehr strapaziös,
ich weiß, ich kann mir nichts mehr von dir borgen.

Alles was du gibst, alle was du nimmst,
am Ende zahl' ich immer noch dazu.
Alles was du sagst, alles was du tu'st,
am Ende fühl' ich immer Mary Blue.

Erwin (3)

Unter Erwin's Hollerbusch
wohnt 'ne zarte Elfe.
Manchmal kommt sie in der Nacht,
meistens gegen zwölfe,
schaut in seinen Traum herein,
ziert sich nicht die Bohne.
Manchmal zuckt auch Erwin's Bein,
dann ist der Traum nicht ohne.
Nicht ohne einen Tropfen Wein,
nicht ohne Wurst und Käse,
nicht ohne seinen Kumpel Hein,
nicht ohne Polonäse.
Die führt stets die Susanne an,
die wohnt gleich hinterm Bahngleis,
hat blaue Kornblumen im Haar
und steht total auf Zahnweiß.
Dann weiß die Elfe, ihm geht's gut,
verschwindet still und leise.
Ansonsten schürt sie noch die Glut,
ist draussen Schnee und Eise.
Die Suse führt jetzt in den Wald,
die Hochnebel schon sinken,
und nur von Ferne sieht man zart
der Suses Zähne blinken.

Heinz Kleins

Es war einmal ein kleiner Mann
der hieß auch noch Heinz Kleins.
Er hatte Pickel im Gesicht,
doch Geld hatte er keins.
Er fuhr ein rotes Cabrio,
das war noch nicht mal seins
und allen Leute rief er zu:
»Ich bins - ich, der Heinz.«

Er winkte und er freute sich
und fuhr manchmal bis Mainz.
Dort ging er in ein Restaurant
und trank ein Gläschen Weins.
Einmal auf dem Boulevard,
da sah er Esther Schweins.
Er rief ganz laut: »Hallo,
ich bins - ich, der Heinz.«

Und als sein Geld fast alle war,
er hatte nur noch Kleins,
ging er in eine Bank hinein
mit einer Pistoleins.
»Hey, hey die Kohle her,
die ist jetzt alle meins,
aber große Scheine bitte nur,
denn ich bin's - ich, der Heinz.«

Da kam die Polililazei
und fragt: »Sind sie Heinz Kleins?«
Der Kleine fragt:
»Wer sind denn sie?«
»Wir sind die Polizeins.«
»Da ha'm sie aber Glück gehabt
und kommen nicht umseinst,
denn ich bin's wirklich - ich, der Heinz.«

»Wir haben eine Frage,
Herr Kleins:
Wo war'n Sie gestern Mittag,
so gegen eins?«
»Das ist 'ne gute Frage«,
sagte da der Heinz,
»ich glaube ich war,
- ich war in Saint Tropeins.«

»Da können wir nichts machen,
wenn Sie das unterschreibns.«
»Ich kann nur drüber lachen,
ich war in Saint Tropeins,
ihr könnt mir keinen machen,
mein Alibi ist reins.
Denn ich bin's - ich, der Heinz.«

Mattmann's Blues

Geh' ich mal zu Boden
oder geht es mir mal schlecht,
sag ich: Weiter Alter, bleib nicht zurück!
Stemm' die Fersen auf's Parkett
und wart' nicht auf ein Wunder,
denn vom Warten wird man alt.

Ich will nicht der Mattmann sein,
der im Abseits steht,
denn ich habe mein Leben nur einmal.
Und was man darin verliert, kehrt nie zurück.
In dunkler Nacht fliegt es davon
und war vielleicht ein ungebor'nes Glück.

Verlier' ich mal einen Freund,
der wirklich einer war,
wein' ich vielleicht und weiß auch warum.
Hast du keinen der dich mag,
ist jeder Tag ein kalter Tag.
Dein Gefühl erfriert und deine Stimme wird stumm.

Ich will nicht der Mattmann sein,
der im Abseits steht,
denn ich habe mein Leben nur einmal.
Und was man darin verliert, kehrt nie zurück.
In dunkler Nacht fliegt es davon
und war vielleicht ein ungebor'nes Glück.

Angst?

In der Tiefe deiner Augen
sehe ich mein Spiegelbild,
fühl' die Wärme deiner Nähe,
bin zu jeder Tat gewillt.
Was uns ähnelt ist das Sehnen,
von der Kopfhaut bis zum Zeh.
Was wir suchen ist ein Hafen,
der uns schützt vor rauher See.

Manchmal kommt sie hoch, die Angst.
Lähmt mich, dass ich kämpfen muss.
Meine Waffen sind die Liebe,
dein Vertrauen und dein Kuss.

Angst und Maulwurf fühl'n sich wohl,
der Tod trinkt auch nur Alkohol.

Schatten sind in meinem Kopf,
fliegen schwarz dahin.
Komm mein Schatz, mach heiß den Topf,
koch' die Tränen ab darin.

Die steigen auf als milder Rauch
und zeigen mir: Du liebst mich auch.

Die Angst läuft über'n Regenbogen,
sie schafft es nicht und bricht entzwei.
Sie hat uns nämlich angelogen:
Wir sind uns doch nicht einerlei.

Der Mond in Uniform

Die Hängematte hängt auf abnehmend und der Mond grübelt. Gerade hatte ihn der Zentralnebel angerufen.

»Mach dich fesch mein Frrreund und sei pünktlich sieben Minuten nach Beginn deinerrr Mondpause bei mirrr!«

»Was ist jetzt schon wieder los?« fragte der Mond. »Die schwarzen Löcher können doch nicht schon wieder Ärger bereiten.«

»Papperrrlapapp! Schwarrrze Löcher stehen nicht zurrr Debatte. DU bist derrr Ehrrrengast.«

»Häh? Ehrengast? Soll das jetzt ein Scherrrz sein?«

»Äff mich nicht nach, du Winzling. Du kommst vorrr das Galaktische Trrribunal!«

Der Mond zuckt in sich zusammen und mit ihm die Keimlinge auf der nördlichen Halbkugel der Erde. Zudem sinkt der Grundwasserspiegel innerhalb einer Sekunde um 37 Zentimeter und 23 Millimeter. Einige Versorgungsbrunnen ziehen bedenklich Luft. Sogar die kleine Sterneputzerin bemerkt einen Stich in's Herz und wird sofort unruhig. Fast wäre ihr das Mikrofasertuch entglitten und hätte eine mittlere Katastrophe bei einem möglichen Zusammenprall mit irdischen Weltraumfahrzeugen ausgelöst.

Dann ertönt ein trockenes Röcheln durch den Äther, dass sogar die Kosmische Kälte besorgt in Richtung Milchstraße schaut.

Der Zentralnebel feixt: »Habe ich dich geschockt? Sei unbesorrrgt. Du bekommst keinen Tadel. Du bekommst einen Orrrden!«

Keine Antwort. Der Zentralnebel horcht. Kein kosmischer Laut. Dann ein tiefes Seufzen.

»Mann, ich war fast tot. Musst du so mit mir umgehen?«

»Sag nicht *Mann* zu mirrr, du Winzling. Und ja: Ich muss mit dirrr so umgehen, damit du mehrrr Rrrespekt vorrr mirrr bekommst. Aberrr anderrrerrrseits: Du hast ihn verrrdient. Den Orrrden.«

»Wofür bekomme ich denn einen Orden, oh Zentraler?«

»Schleimen soll'st du auch nicht. *Oh Zentrrraler!* Mann, können wirrr denn beide nicht einmal verrrnünftig miteinanderrr umgehen?«

»Du hast *Mann* gesagt.«

»Hab ich?«

»Ja!«

»Das steht mirrr auch zu. Also: Du bekommst den Orrrden für *Hohe Verrrdienste bei derrr Unterrrstützung von Anbahnung und Durrrchführrrung seelischerrr und körrrperrrlicherrr Liebe irrrdischerrr Menschen* - capito?«

»Tolle Bezeichnung für meine alltägliche Tätigkeit.«

»Quatsch nicht niederrres Zeugs. Sicherrrlich verrrichtest du eine alltägliche Tätigkeit. Aberrr wie du sie verrrichtest, wenn du Liebe bemerrrkst - wie du dann sanft strrrahlst - das hat das Trrribunal beobachtet und anerrrkannt. Also schmeiß dich in Schale und trrrete an!«

Nun hat der Mond ein Problem. Was soll er anziehen? Er besitzt ja nur seinen Schlafrock. Ansonsten muss er ja scheinen und da kann er nicht verhüllt sein. Er muss sich also etwas borgen. Er grübelt und ihm fällt nur der alte Sonnenwind ein, welcher manchmal bei ihm eine klitzekleine Pause für ein paar Worte einlegt, bevor es dem Mond zu heiß wird. Dann leuchtet er so kräftig, dass nach 9 Monaten die Erdbevölkerung sprunghaft ansteigt.

Langes, galaktisches Tuten auf dem Monoohr-Sonnenwind-Kanal. Endlich: »Sonnenwind, hallo?«

»Erdenmond hier, wie geht's?«

»Oh, du hast mich geweckt,« säuselt der Sonnenwind ein wenig knisternd, »Was gibt es zu berichten?«

»Dich wecken, das wollte ich nicht. Aber ich soll einen Orden bekommen und habe nun ein Problem.«

»Einen Orden? Toll! Wo ist da das Problem?«

»Ich hab nichts passendes anzuziehen und wollte dich fragen, was du so hast und ob du mir etwas für diese Verleihungsprozedere leihen könntest?«

»Für diesen Anlaß fällt mir nur meine Uniform ein.«

»Du hast eine Uniform?« , fragt erstaunt der Mond.

»Natürlich habe ich eine Uniform! Vergiss bitte nicht, dass ich ein gewaltiges Heer Koronaler Auswürfe befehlige. Dazu muss ich mir schon ordentlichen Respekt verschaffen!«

»Aber die kannst du mir doch nicht geben, was soll das Tribunal denken?«

Der Sonnenwind winkt ab und sofort werden zwei Battalione Koronaler Auswürfe aktiv, welche den Wink falsch verstanden haben. Seine Hand fährt wieder nach unten und schafft Ordnung. Niemand bemerkt etwas, nur der Mond vernimmt ein Knistern in der

Leitung.

»Ich nehme einfach die Epauletten ab und schon machen wir nichts verkehrt. Du kannst also würdig deinen Orden in Empfang nehmen. Ich bringe sie dir in Kürze vorbei.«

»Na dann komm aber bitte langsam, die Erdenwürmer können zur Zeit keine Interferenzen gebrauchen.«

»Ich schleiche«, sagte der Sonnenwind, »das merken die gar nicht.«

Endlich war es soweit. Der Mond zieht die vorzüglich sitzende Uniform an und begibt sich zum Ort der Ordensverleihung. Der Zentralnebel hatte ihm mitgeteilt, wo er hinkommen soll. In den Perseus nahe zum Algol.

»Was? Unter dem bösen Blick der Medusa soll ich meinen Orden in Empfang nehmen?« fragte er ungläubig.

»Der Algol ist nicht bösartig,« erwiderte der Zentralnebel. »Die Erdenwürmer haben sich das ausgedacht, kleingeistig wie sie sind. Haben noch eine Menge über uns zu lernen - na ja, sie geben sich Mühe.«

Tief im Perseus, direkt unter dem Algol, hat das Tribunal Platz genommen.

Der Algol, aus dem Arbeitsreich des Mondes sonst als funkelnder Dämonenstern zu sehen, hüllt die Szene in warmes, rotes Licht. Der ideale Ort für einen feierlichen Anlass.

Das Tribunal besteht aus dem Milchstraßenmann, dem Zentralnebel, dem Chaos, der Dunklen Energie und den Vorsitz hat der Urknall.

Viele galaktische Bewohner sind gekommen, um dem Festakt beizuwohnen. Der Mond muss hinter einem tiefschwarzen Vorhang mit dem Hoheitszeichen des Urknalls warten.

Musik setzt ein. Melodisches Rauschen von Magnetstürmen wird überlagert von rhythmischen Sequenzen der Pulsare. Es pfeift schrill, als ein Schwarzes Orchesterloch sich weit über eine Fermate hinaus öffnet. Die Zuschauer ziehen die Köpfe ein. Dann ein Piepsen mit erkennbaren Wiederholungen. »Hach«, denkt der Mond, »das haben sie von den Erdenteleskopen aufgenommen, die stetig nach irdischem Leben im All suchen und ihre Kennung senden.« Der Mond fühlt sich wie zu Hause und ihm wird warm. Das Piepsen klingt ab und ein Knall ertönt. Der Vorhang hebt sich und der Mond steht im warmen roten Licht des Algol.

Das Tribunal erhebt sich und der Urknall schaut in die Runde.

»Liebe Galaktische Bewohner. Ihr wisst, jedesmal nach Ablauf eines Saroszyklusses vergeben wir an verdienstvolle Galakten einen Orden. Heute haben wir den Erdenmond auserkoren. Viele von euch wissen wahrscheinlich gar nicht, was er leistet. Eigentlich verrichtet er seine Arbeit ebenso wie viele andere Monde auch. Aber er hat eine ganz besondere Aura mit einer bestimmten Wirkung auf seinen Planeten. Er untermalt und fördert die Liebe. Wenn ihr aus kalten galaktischen Weiten kommt, fragt bitte nicht, nehmt es einfach zur Kenntnis!«

Der Mond schaut in die Runde. Ganz hinten sitzt die kleine Sterneputzerin. Vor Aufregung kaut sie an ihren Fingernägeln. Neben ihr sitzt Dieter, der seine Sternebar für diesen Anlass geschlossen hat.

»Wir verleihen dem Mond heute den *Orden für Verliebte unter dem Vollmond*,« fährt der Urknall fort.

»Lieber Erdenmond,« wendet er sich an diesen, »dein Wirken hat nicht die Weltbevölkerung explodieren lassen. Dafür bist du nicht verantwortlich. Aber dein Tun nehmen all jene auf, die über den erdenwurmischen Trieb hinaus beständiges Glück suchen. Und das ist wichtig auf Erden. Wer versteht denn in diesen galaktischen Weiten etwas von Romantik, wenn nicht du!«

Ein schwarzes Loch pfeift sehnsuchtsvoll und die Zuschauer ziehen wieder die Köpfe ein.

»Keine Gefühlsduselei bitte«, sagt der Urknall.

»Orchester, einen Tusch!«

Der Urknall schwebt zum Mond und heftet ihm den Orden an die Uniform. Die kleine Sterneputzerin wischt ihre Tränen mit dem Mikrofasertuch ab und Dieter kaut auf seiner Unterlippe. Der Sonnensturm hat sich auch auf diese lange Reise gemacht und sitzt geschwächt neben den beiden.

Das warme rote Licht des Algol wird plötzlich hart und gleißend. Die Kosmische Kälte steht dicht neben dem Mond und schaut ihn mit großen Augen an.

»Was willst du hier?«, fragt streng der Urknall. »Mach mir hier nicht die Zeremonie kaputt!«

»Ich will ihn küssen!«

Der Urknall macht drei Schritte zurück. »Du dreh'st jetzt frei, oder?«

»Nein, keinesfalls. Ich habe genau beobachtet, wie das geht. Und jetzt will ich es wissen!«

Es gibt kein Halten. Die Kosmische Kälte umarmt den perplexen Mond und küsst ihn. Das warme Gelb, welches ihn umgab, wird fast weiß und der Orden an seiner Brust setzt Rauhreif an. Die schwarzen Löcher kichern hinterhältig. Dann kommt ein warmer Sternenwind auf und die Kosmische Kälte macht einen Schritt zurück.

»Ich danke dir.!« spricht sie zum Mond. »Ich habe dich gespürt und kann mir jetzt vorstellen, wie sich Liebe anfühlt. Darf ich deine Freundin sein?«

»Das darfst du«, stammelt der Mond.

Das galaktische Publikum erhebt sich und applaudiert.

»Für wen denn nun?« fragt der Urknall.

»Für den Mond«, sagt die Kosmische Kälte und verschwindet so schnell, wie sie gekommen war.

Zur Person

Ich geh nicht mit der Mode
und werd' beim Lügen rot,
ich sage was ich denk' und was ich seh'.
Ich trinke manchmal Rotwein
und esse trocken Brot
und weiß, dass ich in des Lebens Mitte steh.

Ich hab nur noch ein Auge
und bin ein bischen taub,
doch das ist mir inzwischen ganz egal.
Ich schreibe manchmal Verse,
erhellend mein Gemüt
und geht es mir mal schlecht, sing ich ein Lied.

Ich sing' Lieder aus der eig'nen Küche
- hab sie selbst gemacht.
Nehm' als Ingredenzien Flüche
und Seufzer aus lauer Nacht.
Eine kleine Prise Reue,
salz'ge Tränen fehlen nicht.
Und ein wenig Mut für's Neue
und Wachs von meinem Lebenslicht.

Ich seh' mir mein Gesicht
zu oft im Spiegel an
und les' darin die Zeichen mancher Zeit.
Das kannst du nicht vergessen
- mein Freund, sag' ich dann.
Doch halb so schlimm
- du stehst doch noch ganz gut.
Ein Wunder, dass es Elfen gibt
- ich glaube fest daran.
Und eine macht mir ganz besonders Mut.

Ich sing' Lieder aus der eig'nen Küche
- hab sie selbst gemacht.
Nehm' als Ingredenzien Flüche,
Seufzer aus lauer Nacht,
eine kleine Prise Zartheit,
sanfte Hände fehlen nicht.
Und ein wenig mehr Vertrauen
und Wachs von meinem Lebenslicht.

Teil 2 der Reihe »Mondgeflüster«

Bisher wissen wir, dass der Mond in seinen Pausen gerne Caipirinha trinkt, schwarze Löcher stopft, die Kosmische Kälte in Sachen Liebe aufklärt und mit der kleinen Sterneputzerin poussiert. Nun bringt ihm die irdische Elfe Hedwig von Kofelder das Kochen bei, denn Liebe geht auch im galaktischen Raum durch den Magen.
Von Quittengelee bis Lammbraten beschreibt die Elfe, wie man es zubereitet - aufgelockert mit elfischen Versen.

ISBN   978-3-7392-3424-3
BoD – Books on Demand 2016
www.mondkochbuch.de

Teil 3 der Reihe »Mondgeflüster«

Letztens hat die Elfe Hedwig von Kofelder dem Mond
das kochen beigebracht.
Nun hat ihr irdischer Nachbar Erwin Niedermörtel im
Kampf um die Gunst seiner weiblichen Wald-
mitbewohnerinnen Suse und Hummel-Berta ein wenig
Trübsal geblasen. Was liegt also näher, als dass die Elfe
den Waldschrat aufrüttelt und mit ihm gemeinsam
seine in Vergessenheit geratenen Kochkünste samt
seiner alten Klabache aufpeppt.

ISBN 978-3-7460-3554-3
BoD – Books on Demand 2018
www.mondkochbuch.de